Georg Haddenbach

Der optimistische SCHÜTZE

FALKEN

Inhalt

Erfolgsplanet Jupiter hilft

Das Jahr gelangt in eine ruhigere Phase, wenn die Sonne in das letzte Herbstbild des Tierkreises tritt: das Schütze-Zeichen. Die Novemberstürme klingen ab, und oft sinkt Nebel auf die Landschaft, die sich für den Winter bereitmacht. Die Welt ist im Wandel. Menschen, die zwischen dem 23. November und 21. Dezember in diesem Zeichen geboren wurden, sind nach außen hin recht ruhige Typen, die dem Leben optimistisch gegenüberstehen und – astrologisch gesehen – den Erfolgsplaneten Jupiter auf ihrer Seite haben.

Der Tierkreis ist die Bahn, auf der Sonne, Mond, die Planeten und alle anderen Himmelskörper scheinbar am Himmel dahinziehen – vom Auge eines Beobachters auf der Erde aus gesehen. Wir wissen natürlich, daß zum Beispiel die Sonne einmal jährlich von der Erde umrundet wird und daß sich die Erde einmal täglich um ihre eigene Achse dreht. Dieses Wissen ist aber nicht deckungsgleich mit dem, was der Beobachter des Sternenhimmels von seinem Standpunkt auf der Erde aus wahrnimmt.

Sonne, Mond und die Planeten, die scheinbar von Osten nach Westen wandern, formen – astrologisch gedeutet – neben dem Tierkreiszeichen und dem ihm durch die Minute der Geburt zugeordneten Aszendenten den Charakter eines Menschen und beeinflussen mehr oder weniger stark sein ganzes Leben. Die scheinbare Bahn, die die Sonne im Laufe eines Jahres am Himmel von Osten nach Westen beschreibt, ist der größte Kreis am Himmelsgewölbe. Jeder Kreis hat 360 Grad, auch dieser, der Ekliptik genannt wird und der seit Jahrtausenden in zwölf gleiche Abschnitte von zirka 30 Grad aufgeteilt wird – in die zwölf Tierkreiszeichen.

Der neunte dieser Abschnitte beginnt mit dem Schütze-Zeichen, das dem letzten Herbstmonat entspricht. Astrologisch gesehen hat hier

Planetenherrscher in diesem Feuerzeichen ist der riesige Jupiter.

der Planet Jupiter sein Haus, das heißt, er beherrscht das Schütze-Zeichen. Außerdem beeinflussen Merkur und Saturn sowie der Mond, der im geozentrischen Weltbild der Astrologie ebenfalls als Planet gilt, das Feuerzeichen Schütze.

Der Planet Jupiter steht für den Optimismus und die Lebensfreude eines Menschen. Bei günstigen Planetenkonstellationen im Horoskop läßt er Glück und Erfolg in allen Lebenslagen erwarten. Unter diesem Schutzpatron kann es den Schütze-Menschen eigentlich nie schlecht gehen, sofern sie sich an gewisse Spielregeln halten.

Jupiter fördert bei seinen Schützlingen den freien Geist, der mit philosophischer Gelassenheit dem närrischen Treiben seiner Mitmenschen zuschaut und im Verlangen nach Ungebundenheit und absoluter Freiheit jeglichen Zwang ablehnt. Unter seinem Patronat will man reisen und fernab der Heimat seinen Horizont erweitern. Man sucht immer wieder Gelegenheiten, um aus den Routinen des Alltags auszubrechen. Dies schlägt sich in einem recht wechselvollen Leben nieder, in dem freilich die Erfolge aneinandergereiht werden können. Der Einfluß dieses Planeten hat jedoch auch seine Schattenseiten: Jupiter verführt allzu oft zur Verschwendungssucht und zu Ausschweifungen jeglicher Art.

Ausgleichend wirkt im Schütze-Zeichen der Mond, der wie die Sonne astrologisch zu den Planeten gezählt wird. Er fördert im Schützen den Glauben an Ideale, die in die Praxis umgesetzt werden können, wobei eine starke Gefühlskomponente das Tun bestimmt. Unter dem Einfluß des Mondes wirkt jedoch vieles unbeständig, vor allem in den intimen Beziehungen: Der Schütze wird von wechselnden Stimmungen gezeichnet.

Planet Merkur fördert die Freimütigen im Tierkreis. Er vertieft im Schützen das soziale Denken und das Streben nach Gerechtigkeit. Mit Ausdauer wird ein lohnendes Ziel verfolgt, wobei Objektivität oberstes Gebot ist. Ein Schütze kann bei günstigem Merkur-Einfluß höchste Positionen im Beruf erreichen. Bei negativen Planetenstel-

lungen führt Merkur jedoch zu übergroßem Ehrgeiz, der Angestrebtes nicht erreichen läßt.
Moralische Stütze für sein Tun findet der Schütze bei dem sonst eher hemmend wirkenden Saturn. Er hilft, das Erreichte abzusichern und sorgt für Überzeugungskraft im Umgang mit den Mitmenschen.
Mit ihrer Aufgeschlossenheit, ihrer Vielseitigkeit, Neugier und ihrem Optimismus haben Schütze-Geborene meist viel Erfolg im Leben. Streß ist für sie ein Fremdwort, denn sie finden stets die Möglichkeit, sich zu entspannen.
Wer diesen offenen und fröhlichen Menschentyp etwas näher kennenlernen will, sollte dieses Buch lesen, das gleichzeitig alle im Schütze-Zeichen Geborenen zur Selbsterkenntnis anregen möchte. Die Bilder, die den Texten beigestellt sind, beziehen sich auf den Schütze-Geborenen: Die Blumen, Nutz- und Heilpflanzen ebenso wie die Tiere und glücksbringenden Edelsteine werden seit jeher dem Tierkreiszeichen Schütze zugeordnet.

Ein Gott will sterben

Menschen, die im Tierkreiszeichen Schütze zwischen dem 23. November und 21. Dezember Geburtstag haben, sind in die letzten Herbsttage hineingeboren, obwohl das Schütze-Bild zu den Sommersternbildern zählt. Es ist von Mitteleuropa aus selbst mit dem schärfsten Teleskop kaum zu beobachten, zumal seine Sterne nicht allzu hell strahlen. Einige von ihnen haben arabische Namen, die übersetzt »Knie des Schützen«, »Spitze des Pfeils« und »Bogen« heißen.
Schon in babylonischen Darstellungen geht das Sternbild des Schützen auf einen Zentauren zurück, ein Wesen – halb Mensch, halb Pferd –, das unter anderem als Erfinder von Pfeil und Bogen, der Waffen der antiken Welt, gilt.

Die griechische Mythologie übernahm das babylonische Fabelwesen. Im Gegensatz zu den wilden Zentauren, die Menschen und Götter bekämpften, war das griechische Urbild des Tierkreissternbilds Schütze ein recht umgängliches und menschenfreundliches Wesen: der weise Cheiron, ein Halbbruder des Zeus.
Sein Vater Kronos betrog, glaubt man der Göttersage, seine Frau mit der Tochter des göttlichen Okeanos, der Nymphe Philyra. Da diese Verbindung geheim bleiben sollte, näherte Kronos sich der Nymphe in Gestalt eines feurigen Hengstes. Wen wundert es also, daß der Sohn der beiden halb Mensch und halb Pferd war?
Angeblich mochten die Götter des Olymp den etwas mißratenen Sohn des Kronos gern. Deshalb wurde Cheiron von dem göttlichen Apollon, der sich auf die medizinische Wirkung aller Heilkräuter verstand, unter anderem in der Heilkunst unterrichtet. Dessen Zwillingsschwester Artemis unterwies ihn in der Jagd; zum Dank dafür erfand Cheiron für sie und Apollon Pfeil und Bogen. Das göttliche Wissen gab Cheiron unter anderem an einen gewissen Asklepios (den die Römer Äskulap nannten) weiter, welcher dermaßen geschult zum Gott der Heilkunst wurde. Seine medizinischen Kenntnisse nutzten dem Halbbruder des Zeus allerdings wenig, als er versehentlich von einem Giftpfeil des Herakles getroffen wurde.
Die klaffende Wunde heilte nicht und bereitete ihm solche Schmerzen, daß er zugunsten des Prometheus, der den Menschen das Feuer brachte, auf seine Unsterblichkeit verzichtete. Halbbruder Zeus setzte den Zentauren daraufhin als Schützen an den Südhimmel.
Nach einer anderen Sage soll es sich bei dem Urbild des Sternzeichens Schütze um einen Namenlosen aus der Schar der wilden Zentauren gehandelt haben, die sich neben Satyrn und Bacchantinnen

Das Sternbild Schütze entstand laut griechischer Mythologie, als der Göttervater Zeus einen Zentauren – ein Fabelwesen halb Mensch, halb Pferd – als Sternbild am Himmel verewigte.

als trinkfeste Gesellen im Gefolge des fröhlichen Dionysos, des Gottes des Weines, tummelten. An einem dieser Naturdämonen hatte Göttervater Zeus Gefallen gefunden und machte ihn zum Jugendgespielen seiner außerehelichen Töchter, der Musen, obwohl er als oberster griechischer Gott hätte wissen müssen, welcher Ruf den Zentauren vorausging: Sie schreckten nicht davor zurück, Frauen zu schänden und göttlichen Nymphen die Unschuld zu rauben.

Auch ein echter Schütze-Mensch, ob Frau oder Mann, ist ein Liebhaber der Musen. Er ist begierig, sich weiterzubilden, liebt das Un-

In der Natur findet der Schütze-Typ die Erholung vom Alltagsstreß. Er liebt besonders Orchideen – wie den Venusschuh.

bekannte und das Abenteuer. Durchsetzungsstark versucht er gelegentlich, sich den Weg zum Erfolg mit den Ellenbogen zu erkämpfen, aber in der Regel begegnet er seinen Mitmenschen mit Offenheit und Freundlichkeit. Der Schütze-Mensch ist im allgemeinen ein recht umgänglicher, kameradschaftlicher Typ, mit dem man Pferde stehlen kann. Wer könnte ihm da böse sein, wenn er berufliche Hindernisse im Sturm nimmt, weil er eben schneller reagiert als die anderen, die noch nachdenken, wenn er bereits handelt?

Dieser fröhliche, dem Leben zugewandte Mensch findet in der Natur die Erholung, die er braucht, um im Beruf zu bestehen. Seine Hobbys sind Wandern und Reisen. Der kontaktfreudige Schütze will Erfahrungen sammeln – vor allem auch in der Liebe.

Der Schütze-Geborene kann tiefe Leidenschaften entwickeln, einer festen Bindung stehen jedoch sein Freiheitsdrang, die Lust am Umherschweifen und die Wißbegier häufig im Weg. Im privaten Bereich kann er sich nur schwer entscheiden. Das macht ihn zu einem recht unzuverlässigen Partner. Schon manche Schütze-Freundin richtete bereits in Gedanken die gemeinsame Wohnung ein – und stand am Ende ohne ihren Schützen da. Ein solches Verhalten bringt natürlich auch Nervenverschleiß mit sich. Das Nervensystem eines Schützen ist immer ein wenig gefährdet. Auch die Leber kann den Schütze-Geborenen Kummer machen, ebenso wie Hüftleiden.

Beherrscher des männlichen, aktiven Feuerzeichens ist der Planet Jupiter. Die dem Schützen zugeordnete Farbe ist das dunkle Violett, aber auch das Indigoblau, das die Psyche eines Schützen stärken soll.

Schützen kennen ihren Wert

Niemand im Tierkreis strebt stärker nach Unabhängigkeit und Selbstbehauptung als der Schütze-Mensch. Er ist ein unverbesserlicher Optimist. Seine Unternehmungslust verführt ihn immer wieder

dazu, dem tristen Alltag zu entfliehen. Astrologisch wird er den männlichen, das heißt den starken Zeichen zugeteilt.
Schütze-Menschen handeln nach moralischen und nach rechtlichen Grundsätzen; manchmal erreichen sie jedoch mit allzu schnellen Entscheidungen das Gegenteil von dem, was sie eigentlich anstrebten. Ihr Element ist das Feuer, das ihren Ehrgeiz und ihre Leidenschaft entfacht. Ihr cholerisches Temperament läßt sie nicht nur rasch, sondern manchmal auch sehr heftig reagieren. Dann brausen sie auf und sagen rücksichtslos ihre Meinung, auch wenn sie andere damit tief verletzen. Umgekehrt können die Schütze-Menschen jedoch sehr empfindlich auf die Kritik an ihrem Verhalten reagieren. Mancher Schütze sucht dann nach einem Sündenbock, dem er die eigenen Versäumnisse anlasten kann.

Jeder Schütze weiß, was er wert ist; und er weiß auch den Wert eines alten Zinnkrugs zu schätzen. Zinn ist sein Glücksmetall.

Der Planet Jupiter gibt den Schützen eine gehörige Portion Wagemut mit, der sie befähigt, günstige Gelegenheiten schnell zu erkennen und sie auch für sich und ihre weitreichenden Pläne zu nutzen. Dabei hilft ihnen der unbeirrbare Glauben an sich selbst und ihre Tüchtigkeit.
Jeder aus dem von Jupiter beherrschten Zeichen weiß, was er wert ist, und will, daß auch seine Umwelt diesen Wert anerkennt. Um Karriere zu machen, ist dem Schützen nichts zuviel. Er kann ohne Skrupel den besten Freund ausmanövrieren, wenn damit sein eigenes Fortkommen gesichert ist. Da der Schütze jedoch eingefahrene Gleise ablehnt und vielfältige Interessen hat, kann es geschehen, daß er seine Pläne mitten in einem Vorhaben ändert, sich um das Begonnene nicht mehr kümmert, sondern sich neuen Fragen zuwendet.
Die Freiheit, die er für sich selbst beansprucht, gesteht der Schütze in der Regel auch den anderen zu. Seine Toleranz schafft ihm dabei viele Freunde. Das Liebesglück steht ihm überall zur Seite, und das nützt er aus. Auch in einer festen Beziehung ist der Schütze nicht immer ein stabiler, verläßlicher Partner.
Die Fröhlichkeit der im Schütze-Zeichen Geborenen steckt an. Am liebsten möchten sie lachend das Leben meistern. Menschen, die Trübsal blasen, gehen sie lieber aus dem Weg. Doch manchmal überkommen auch den so ruhig und ausgeglichen wirkenden Schützen Zweifel. Dann ist er wechselnden Stimmungen unterworfen, unter denen seine Mitmenschen zu leiden haben. Bald jedoch wird er wieder voll Optimismus in die Zukunft blicken.

Die Schütze-Frau liebt die Ungebundenheit

Unabhängigkeit und Abwechslung sind Schützen wichtiger als Ruhe und Behaglichkeit. Wer von einer Schützin ins Herz getroffen wurde, sollte ihr nicht gleich ewige Treue schwören, denn in ihren

Ohren klingt das wie ewige Langeweile. Und die Beschreibung eines hübschen Häuschens im Grünen erfüllt sie mit soviel Vorfreude wie die Aussicht auf einen Daueraufenthalt hinter Gittern.
Die Männer schauen sich schon früh nach einem Schütze-Mädchen um. Es ist meist selbstbewußt und heiter und viel zu temperamentvoll, um Babyspeck anzusetzen. Schütze-Frauen kleiden sich gern nach der neuesten Mode, sehen aber auch in Freizeitkleidung oder in verwaschenen Jeans noch bezaubernd aus.
Das Wandern ist ihr Hobby. Sie lieben die Natur, wissen sich aber genauso in der sogenannten höheren Gesellschaft zu bewegen. Sie gehen beschwingt durchs Leben und stören sich nicht am Geschwätz der Leute, die über ihre Abenteuer tuscheln.
Eine Unschuld vom Lande ist die Schütze-Frau nicht und schon gar nicht das Mauerblümchen, das im Verborgenen blüht. Sie wartet nicht auf den Ritter, der ihr den Hof macht, sondern ergreift – in der Regel erfolgreich – selbst die Initiative. Wer sie kennenlernen möchte, sollte sich merken, daß die Schütze-Geborene gern über Themen diskutiert, von denen sie etwas versteht.
Sie liebt humorvolle, interessante Gespräche, bei denen sie die Führung übernimmt, kann aber genauso zuhören und im rechten Augenblick die richtigen Fragen und Antworten parat haben.
Oft verschafft sie sich im Tennisclub, in der Gemeinschaftssauna oder auf Geburtstagspartys einen Überblick darüber, welche Männer noch ungebunden sind, allerdings keineswegs in der Absicht, sich blind zu bedienen. Obwohl sie nicht gut allein sein kann, stellt sie zu ihrer Unterhaltung lieber den Fernseher an, als mit einem fragwürdigen Kavalier den Abend zu verbringen. Darüber hinaus ist sie der Ansicht, daß gut Ding Weile haben müsse.

Wer die naturverbundene Schütze-Dame besser kennenlernen will, sollte seine Bergstiefel und den Rucksack auspacken und mit ihr auf eine ausgedehnte Wandertour gehen.

Im Grunde ist sie eine recht eigenwillige Person, die nicht gerne auf den Rat anderer hört, sondern sich selbst eine Meinung bilden will. Schütze-Frauen wollen sich erst vollkommen klar über ihre Gefühle sein und dann entscheiden. Wie es das Schicksal oft will, begegnet ihr ausgerechnet dann, wenn sie es gar nicht beabsichtigt, ein anderer, der ihr besser gefällt als derjenige, über den ihre Meinungsbildung noch nicht abgeschlossen ist.

Manche Schütze-Frauen gelten als oberflächlich, weil sie sich nur schwer für irgendwas oder irgendwen entscheiden können. Haben sie sich schließlich doch für einen Partner entschieden, halten sie auch an ihm fest.

Verflossenen weinen sie allerdings nie nach; ihr Temperament läßt sie vergessen, was einmal war. Stets leben sie in der Gegenwart und

Möglicherweise begegnet Ihnen eine Schütze-Frau in der Sauna. Dies zeigt, daß sie nicht prüde ist.

denken kaum über die Zukunft nach. Vergangenheit ist für sie höchstens eine schöne Erinnerung – mehr nicht.
Die Schütze-Geborene ist eine charmante Frau, die für ihr Leben gern lacht. Wer Trübsal blasen will, wird keinen Gleichklang mit ihr finden. Wanderungen in der Natur und andere sportliche Aktivitäten sind weitere Anknüpfungspunkte, um eine Schützin näher kennenzulernen.
Wichtig ist, daß der mögliche Partner ihre vielseitigen Aktivitäten mitmacht, Freude an Reisen in ferne Länder und Interesse an einem ausgedehnten Bekanntenkreis hat. Abwechslung ist für die Schütze-Frau das halbe Leben.

Ausdauer ist gefragt

Die entdeckungsfreudige Schützin liebt lange Spaziergänge durch blühende Gärten sowie strapazenreiche Wanderungen über Berg und Tal ebenso wie lange Nächte in der Diskothek, wo sie ihr Temperament in wilden Tänzen bis zum Morgengrauen auslebt. Wer sie dabei begleiten will, sollte über genügend Ausdauer und sportliches Training verfügen, denn sie liebt es nicht, bei den gemeinsamen Unternehmungen durch ihren Partner gebremst zu werden.
Eine Schützin verteidigt ihre persönliche Freiheit und mag keine Männer, die ihren Tatendrang einschränken. In einer engen Beziehung wird sie vielleicht die Führungsrolle anstreben, auch wenn sie ihrem Partner Freiräume zugesteht.
Schütze-Frauen sind bei der Partnerwahl sehr anspruchsvoll und begegnen schönen Worten mit Skepsis. Lieber sind ihnen gerade und offene Menschen, die ihre Meinung ohne Vorbehalt äußern. Chancen hat bei dieser fröhlichen Frau jemand, der in flottem Ton eine interessante Unterhaltung führen oder mit dem sie auf Reisen ihren Horizont erweitern kann.

Spielt die Schütze-Frau das Unschuldslamm, so ist dies nur Teil einer ausgeklügelten Strategie. Hat sie erst einmal Feuer gefangen, wird sie ihr Temperament ausleben.
Bei der Auswahl eines Partners ist die Schütze-Geborene sehr wählerisch und beweist einen exquisiten Geschmack. Da sie jedoch manchmal zu sehr auf Äußerlichkeiten achtet, bleibt ihr die eine oder andere Enttäuschung nicht erspart. Ihre Menschenkenntnis vermag es nicht immer, den Playboy vom echten Gentleman zu unterscheiden.

Es gibt kaum eine Schütze-Frau, die von Zeit zu Zeit nicht gern einmal Theater spielt.

Entspannung beim Sex

Die Schütze-Frau ist eine Virtuosin in der Liebe, die den Mann ihres Herzens zu großer Aktivität mitreißen kann. Sie nimmt die Liebe zwar nicht allzu ernst, ist aber schon aus reinem Eigennutz so sehr bei der Sache, daß ihr Partner sich auf lustvolle Stunden freuen kann. Diese möchte sie nicht unbedingt in den eigenen vier Wänden verbringen. In der Natur fühlt sie sich freier und genießt die Liebe am Strand oder im Wald und auf der Heide.

Wer die Schütze-Frau näher kennenlernen will, sollte mit ihr lange Wanderungen in der Natur vornehmen.

Auch in der Erotik ist die Schützin unternehmungslustig und schwungvoll; lange Vorspielereien sind ihr ein Greuel, und bei einem allzu zögerlichen Liebhaber könnte sie die Lust verlieren.
Die Sexualität ist für die fröhliche Schütze-Frau keine todernste Angelegenheit – wenn sie im Bett kichert, braucht er sich nicht veralbert zu fühlen –, sondern eher ein Unterhaltungsspiel, zu dem sie ihren Beitrag leistet. Nur so erholt sie sich vom Alltag.
Obwohl sie im erotischen Bereich ein Naturtalent ist, kann sie eine ganze Weile ihr Sexualleben zügeln, wenn sie keinen Partner findet, der ihren Ansprüchen genügt. Dann aber will sie ihren Spaß haben; seine Bedürfnisse erachtet sie jedoch als zweitrangig. Das ist nur bedingt egoistisch gedacht, denn bei dieser impulsiven Frau wird kaum ein Mann nicht auf seine Kosten kommen. Die Schütze-Frau ist auch bezüglich der Erotik wißbegierig und Neuem aufgeschlossen, nur allzu deftige Praktiken sind ihr verhaßt. Sie bevorzugt Zärtlichkeit und gefühlvolle Hingabe. Nach astrologischer Erfahrung sind Schenkel und Hüften ihre empfindsamsten Körperzonen. Wer dort seine Streichelkünste einsetzt, ist auf dem richtigen Weg.
Zwar mag die Schütze-Dame solche gefühlvollen Spiele, doch im rechten Moment möchte sie auch von ihrem Partner befriedigt werden. Kuschelt sie sich hinterher an ihn, so ist das möglicherweise ein Zeichen, daß er nebenbei auch ihr Herz erobert hat.

Sie will Urlaub vom Ich

Bei ihrem großen Drang nach Ungebundenheit sollte man meinen, die Schütze-Frau bleibe am besten Single. Doch auch Frauen aus dem Schütze-Zeichen können in einer festen Beziehung glücklich

Die Liebe schlägt bei der leicht entflammbaren Frau aus dem Schütze-Zeichen meist ein wie der Blitz.

werden, wenn sie einen verständnisvollen Partner gefunden haben, der ihnen ihre gewiß nicht zu hoch geschraubten Wünsche erfüllt und ihnen einen persönlichen Freiraum zugesteht, ohne ständig lästige Fragen zu stellen. Dann bleiben sie vielleicht sogar ohne einen Trauschein treu.

Trotz inniger Zweisamkeit wollen Schütze-Geborene von Zeit zu Zeit einmal ganz allein ausspannen, sozusagen Urlaub vom Ich machen. Getrennte Ferien wirken auf sie manchmal wie eine Art Jungbrunnen, der dem festen Verhältnis hinterher zugute kommt. Sie brauchen einfach mal Abstand vom Alltag – und damit auch von dem Mann, den sie lieben.

Ein schwieriger Typ ist die Schütze-Frau trotzdem nicht. In einer glücklichen Ehe wird sie mit ihrer Fröhlichkeit und ihrem Optimismus ihren Mann die zeitweiligen Launen vergessen lassen. Er wird das Glück an ihrer Seite sehr wohl schätzen lernen, auch wenn ihn ihr Temperament bisweilen ganz schön außer Atem bringt und ihm viel Ausdauer und Geduld abverlangt.

Jupiters Schützling aus dem Schütze-Zeichen ist überaus tolerant, möchte aber immer Gleiches mit Gleichem vergolten sehen. Kommt es trotzdem einmal zu Meinungsverschiedenheiten, wird die Schützin sie geradlinig und offen (manchmal auch bis zur Taktlosigkeit) austragen.

Sie hält weder mit Kritik noch mit Lob zurück, kann ihrerseits aber schnell verletzt reagieren, wenn ihr Partner nicht ihre Ansichten teilt und ihr immer Kontra gibt.

Diese Frau hat viel Gefühl und wird schon deshalb an einer Ehe festhalten. Trotzdem ziehen einige Schütze-Frauen die Freiheit einer noch so guten Ehe vor.

Der kluge Mann schickt seine wissensdurstige Schütze-Frau auf weite Bildungsreisen und lenkt so ihren Forscherdrang in die richtigen Bahnen.

Happy-End mit einem Löwen

Es sind die Individualisten im Tierkreis, die eine Schütze-Frau wie der Blitz in helle Flammen setzen können. Mit ihnen wird sie die Liebe erkunden. Kommt es zur Trennung, wird sie keinem nachtrauern, der sich am Ende nur als Randfigur in ihrem Leben entpuppte. Hat sie sich jedoch für eine feste Partnerschaft entschieden, wird sie daran festhalten.

Eine Schützin geht lieber auf Großwildjagd, für Kleintierhaltung hat sie nichts übrig. Ein *Löwe* läßt sich gerne von ihr »erlegen«. Versucht sie danach, noch anderweitig Beute zu machen, wird er es ihr gleichtun, allerdings nicht ohne Zorn auf die Schütze-Frau, die nur mit ihm gespielt hat. Der Löwe-Mann mag ihre himmelstürmende Art und ihre Begeisterungsfähigkeit. Und da sie in der Regel eine ansehnliche Person mit Idealmaßen ist, mit der man sich in der Öffentlichkeit zeigen kann, erfüllt ihn das mit Stolz. Sie schätzt vor allem seine Großzügigkeit. Verfügt er über die ausreichenden Mittel, werden sich beide eine schöne Zeit machen.

Recht feurig geht es in der Verbindung mit einem *Widder*-Mann zu. Er schwärmt wie die Schütze-Frau für die freie Natur, in der sie beide die Wanderlust packt. Ihn amüsieren die Kapriolen seiner Partnerin, sie seine Begeisterung und sein Feuer in lustvollen Stunden. Er bewundert ihr Harmoniestreben, setzt jedoch manchmal seinen Eigensinn dagegen, was dann unter Umständen die sonst so anpassungsfähige und auf Frieden bedachte Schütze-Frau zu heftigem Widerspruch reizen kann. Dann kommt es auch in dieser an sich glücklichen Verbindung zu hitzigen Debatten. Langeweile ist in dieser Beziehung zweier so begeisterungsfähiger und tatendurstiger Menschen ein Fremdwort.

Löwe- und Widder-Geborene zeigen viel Verständnis für die übersprudelnde Art und den Freiheitsdrang der Schütze-Frau.

In der Verbindung mit dem eigenen Sternenbruder, dem *Schütze*-Mann, kommt die Schütze-Geborene auf sexuellem Gebiet sicherlich auf ihre Kosten. Gerade weil die beiden mit den Schwächen des anderen, die ja auch die eigenen sind, recht locker umgehen, ist eine dauerhafte Beziehung möglich, zumal die beiderseitige große Toleranz Haltbarkeit verspricht.

Harmonisch, wenn auch vielleicht nicht so temperamentvoll, geht es in dem Verhältnis einer Schütze-Frau mit einem *Waage*-Mann zu. Viele gleiche Interessen verbinden die beiden zwar, aber leider bleibt

Eine Schütze-Frau hält mehr von der Großwildjagd als von der Kleintierhaltung. Und wenn es ihr gefällt, kann es vorkommen, daß sie dem Mann auch mal Hörner aufsetzt.

doch manches zwischen ihnen an der Oberfläche und geht nicht tief genug. Die sinnlichen Wünsche der Schütze-Frau aber wird er mit viel Gefühl erfüllen.
Das ist auch bei dem zweiten Venusjünger im Tierkreis, dem *Stier*-Mann, der Fall, der mit seiner sinnenfreudigen Männlichkeit bei der Schützin auf viel Gegenliebe stößt. Er hat leider nicht die gleiche Ansicht über Toleranz wie sie. Ihren Wunsch nach Urlaub vom Ich wird er in der Ehe nicht akzeptieren. Es liegt am Stier, zum Ausgleich für die Einengung der persönlichen Freiheit der Schütze-Frau seinen ganzen Charme spielen zu lassen und seine ständigen Eifersuchtsszenen zu vergessen, um diese an sich nicht schlechte Verbindung haltbar zu machen.
Manchem *Fische*-Mann mögen die Seitensprünge einer Schütze-Geborenen keineswegs ungelegen kommen, weil er selbst auch ganz gern seinen inneren Strömungen nachgibt und fremde Gewässer erkundet. Wenn beide die Toleranzgrenze des anderen nicht überschreiten, kommt es zu einem dauerhaften Verhältnis, weil sie sich in der Liebe gegenseitige Erfüllung schenken. Da sie überdies den Fische-Mann mit viel Temperament auch auf beruflichem Gebiet zu Höchstleistungen anstacheln kann, steht eigentlich dem Wohlstand und dem Glück in dieser von Jupiter begünstigten Verbindung kaum noch etwas im Wege.
Mit dem *Wassermann*-Geborenen kann die Schütze-Frau Pferde stehlen; zudem wird es bei diesen wissensdurstigen und erlebnishungrigen Menschen recht abenteuerlich zugehen. Jeder pocht auf seine eigene geistige Freiheit und läßt sich doch vom Partner fesseln. Finden die beiden zu echter Kameradschaft zusammen, können sie sich auf eine dauerhafte und glückliche Partnerschaft freuen.
Beim *Zwillinge*-Mann und der Schütze-Frau ist eigentlich nur die Frage offen, wer auf wen aufpassen muß. Der Zwilling hat eine ähnliche Lebensauffassung wie seine freiheitsliebende Partnerin aus dem Schütze-Zeichen. Ob das reicht, um ein Leben lang Seite an Sei-

te glücklich zu sein, wird sich erweisen müssen. Der Wunsch nach Ungebundenheit bei beiden kann zur Lockerung der Beziehung zwischen diesen so ähnlichen Menschen führen.

Der *Skorpion* kann mit seinem Stachel bei der gut bewaffneten Schütze-Frau keinen Treffer landen, da sein Besitzdenken ihrem Freiheitsdrang vollkommen entgegengesetzt ist. Oft kommt es deswegen zu heftigen Meinungsverschiedenheiten der bis zur Taktlosigkeit offenen Schützin mit dem unnachgiebigen Skorpion. In einer solchen Verbindung sollte sich der Skorpion-Mann von vornherein darauf einstellen, daß man eine Schütze-Frau niemals wirklich besitzen kann.

Mit dem vorsichtigen, zurückhaltenden *Jungfrau*-Mann hat die impulsive Schütze Frau wenig gemein. Diese quirlige Frau hat auch völlig andere Ansichten darüber, wie man das Geld anlegt. Sie möchte es gern verjubeln, er hält lieber den Daumen darauf. Gern mag er einige ihrer erotischen Spiele, kommt aber oft mit ihrem Tempo nicht recht mit. Nur wenn beide in der Lage sind, ihre Gegensätze zu akzeptieren, wird aus dieser so ungleichen Verbindung vielleicht etwas Haltbares herauskommen.

Ähnlich schwierig ist das Verhältnis der Schütze-Frau zu einem *Steinbock*-Mann. Ihre Unterschiede können sie jedoch auch gegenseitig für sich fruchtbar machen. Der strebsame, zurückhaltende Steinbock kann die vorschnelle Schützin bremsen, die wiederum den kontaktscheuen Grübler aus seiner Reserve lockt.

Der *Krebs*-Mann geht zwar mit viel Gefühl auf seine Partnerin zu, wird aber mit ihrer Schnelligkeit seine Schwierigkeiten haben. Trotzdem können es die beiden miteinander versuchen; wenn er sich von Zeit zu Zeit zum Grübeln in sein Kämmerlein zurückzieht,

Eine Schütze-Frau liebt ihre Unabhängigkeit oft mehr als die Sicherheit einer festen Bindung. Wer also mit dieser schillernden Person glücklich werden will, darf ihr nie das Gefühl geben, eingesperrt zu sein.

könnte sie ihren Urlaub vom Ich machen. Er sollte jedoch stets bedenken, daß das Verhältnis mit einer Schütze-Frau nie müde dahinplätschern darf, sondern lebendig perlen muß. Er sollte vor allem auch versuchen, seine Kontaktscheu zu überwinden.

Das geheime Leben eines Schütze-Mannes

Wer einen Schütze-Mann rein zufällig kennenlernt und ein paar belanglose Worte mit ihm wechselt, wird sich kaum vorstellen können, daß dieser so beherrschte, sichtlich zurückhaltende Typ in einem Feuerzeichen geboren wurde. Hat aber der Schütze nur ein bißchen Interesse an seinem Gegenüber, wird aus dem distinguierten Herrn ein charmanter und faszinierender Plauderer, der auf jede Frage eine Antwort weiß.

Von seinem mythologischen Stammvater, dem Zentauren, hat der Schütze-Mann sowohl die geistige Überlegenheit als auch das Stürmisch-Triebhafte. Er kann deshalb seine geistigen wie auch körperlichen Vorzüge mit Erfolg ausspielen.

Diese Zweiseitigkeit zeigt sich ebenso in den charakterlichen Anlagen, bei denen durchaus von einem doppelten Ich gesprochen werden kann. Das eine Ich stellt sich die Frage nach dem Sinn des Lebens, grübelt über die Richtigkeit der eigenen Handlungsweise nach und erforscht das eigene Unbewußte. Das andere Ich strebt voller Elan nach vorn, stellt sich mutig der Öffentlichkeit und wagt so manches Abenteuer.

Da der Schütze-Mann sein ganz geheimes Ich selbst guten Freunden gegenüber unter Verschluß hält, lernen Außenstehende nur seine optimistische Seite kennen und – in den meisten Fällen – lieben. Diese Doppelnatur des Schütze-Zeichens wird besonders beim Mann deutlich. Nach außen hin ist vor allem der junge Schützling des Jupiter ein stets zu Späßen aufgelegter, herzlicher Mensch, dem man

oft nicht böse sein kann, auch wenn er sich rücksichtslos seinen Weg nach oben bahnt.
Die hervorstechendsten Eigenschaften des Schütze-Geborenen sind seine Abenteuerlust und sein Freiheitswille. So trägt er zum Beispiel ungern den Trauring zur Schau, weil er ihn daran hindern würde, auch mit anderen zu flirten.

Im frostüberhauchten Busch hängen saftigrote Beeren – so könnte man die Gegensätze vieler Schütze-Männer beschreiben.

Seinem astrologischen Schutzpatron Jupiter, dessen Bezeichnung auf den römischen Namen für den olympischen Zeus zurückgeht, macht der Schütze alle Ehre. Wie dieser oberste der Götter pocht auch er für sich auf absolute Freiheit und sucht vielfältige Liebesabenteuer, bevor er sich auf eine feste Partnerschaft einläßt. Von dieser olympischen Abenteuerlust gab Zeus seinem astrologischen Schützling eine ganze Menge mit auf den Lebensweg. Man sollte es ihm nicht verübeln, daß er genug Liebe für mehrere Frauen hat.

Beliebt, aber unbeständig

Der Schütze-Mann übt auf Frauen eine magische Anziehungskraft auf. Obwohl er diesen Umstand häufig zu nutzen weiß, ist er kein Schürzenjäger. Wenn er wirklich verliebt ist, hegt er durchaus ernste Absichten. Dennoch ist es möglich, daß der Schütze-Mann im Verborgenen an einem zweiten Eisen schmiedet, um nicht ganz allein zu sein, wenn eine Beziehung mal schiefgeht. Diese Absicherung fordert ihm ständig seinen ganzen Charme ab.

Will eine Anwärterin auf des Schützen Gunst ihre Chancen verbessern, so muß sie sich irgendwie hervortun. Dabei verspricht Offenherzigkeit mehr Erfolg als zuviel Anstand. Für Unschuldslämmer hat er ohnehin nicht viel übrig; er findet sie einfältig.

Wenn eine Frau sich in der unangenehmen Situation befindet, mit mehreren Konkurrentinnen konfrontiert zu sein, sollte sie nicht

Bild Seite 36/37: Das Element der temperamentvollen Menschen aus dem Tierkreiszeichen Schütze ist das Feuer.
Der Türkis, ein zwischen Blau und Grün in allen Farben schillernder Halbedelstein, gehört zu den Glücksbringern der im Sternzeichen des Schützen Geborenen. Angeblich soll er wie ein Thermometer durch Farbveränderungen anzeigen, wie heiß die Liebe nun wirklich ist.

gleich verzagen. Etwas schauspielerisches Talent ist allerdings gefragt, um in immer neue Rollen zu schlüpfen. Der begehrte Schütze-Mann liebt nun mal die Abwechslung. Neben Selbstsicherheit und Unabhängigkeit gehören Schlagfertigkeit und treffsichere Bemerkungen zu den besten Waffen im Kampf um einen Schütze-Mann. Wer über diese Waffen verfügt, kann sich getrost auf ein Liebesgefecht mit ihm einlassen und sich darauf freuen.
Viele Männer aus dem Schütze-Zeichen bleiben trotzdem ein Leben lang Junggeselle und verhalten sich manchmal auch noch so, selbst wenn sie eine feste Beziehung eingegangen sind. Das macht das eheliche Zusammenleben mit diesem unverbesserlichen Optimisten nicht ganz einfach.

Voll Entdeckerfreude

Wer dem Schützen seine Unbeständigkeit übelnimmt, sollte bedenken, daß er stets auf Entdeckungen aus ist. Er schätzt zwar die Zweisamkeit, meist aber auch die Abwechslung und das Abenteuer. Da überall neue Erfahrungen locken, fällt es dem typischen Schützen schwer, sich frühzeitig auf eine Beziehung mit Ausschließlichkeitscharakter einzulassen.
Von Frauen, die ihn zu sehr einengen und ihm nicht genügend Spielraum für seine Persönlichkeit lassen, wird er sich bald trennen. Solche Trennungen verkraftet er jedoch mühelos, denn er trauert der Vergangenheit nicht nach, sondern strebt neuen Erfahrungen entgegen. Seine herzliche, optimistische Art, die ihn immer zu einem anregenden Gesellschafter macht, führt dazu, daß er meist im Mittelpunkt eines großen Freundes- und Bekanntenkreises steht. Durch

Ein Schütze-Mann geht immer gerne auf die Jagd. Das sollte jede Frau, die ihre Zukunft mit ihm plant, bedenken.

eine neue Beziehung, die dort leicht geknüpft werden kann, ist die Enttäuschung schnell vergessen.
Mit Frauen, die ihn interessieren, beginnt er einen fröhlichen Flirt. Reizt sie dann seine Neugier, vielleicht indem sie die Unnahbare spielt, wird er seinen Charme verdoppeln. Manchmal ist das Verführen selbst für ihn wichtiger als das Erreichen des Ziels.
Wenn es soweit ist, wird seine Partnerin vielleicht feststellen, daß er überhaupt kein so stürmischer Liebhaber ist, wie sie zuvor dachte. Gern überläßt er der Frau die Aktivität, sofern sie wie er die Phantasie und die Abwechslung liebt. Routinen ist ihm in allen Bereichen des Lebens verhaßt.

Sex mit Hinhaltetaktik

Ein abwechslungsreiches Liebesleben ist nach Ansicht eines echten Schützen das beste Mittel gegen vorzeitige Alterungserscheinungen, Frühjahrsmüdigkeit und jede Art von geistiger Unbeweglichkeit. Aber alles ist mit Maß und Ziel anzustreben: Der Schütze erobert zwar als Casanova die Herzen im Sturm, versucht's aber in seinen intimen Stunden – im Gegensatz zu seiner Sternenschwester – eher mit geschickter Hinhaltetechnik. Er ist ein Romantiker, dem ein ausgiebiges und fröhliches Vorspiel wichtiger ist als der rauschende Schlußakt. Für ihn ist das erotische Vorgeplänkel die Würze der Liebe. Frauen, die geradlinig zum Ziel wollen, kommen bei ihm zwar auch zu ihrem Recht, werden aber danach spüren, wie sich ihre Beziehung merklich abkühlt. Besser beraten sind jene, die Spaß an tiefsinnigen, manchmal auch witzigen Gesprächen finden und die sich wie der Schütze allmählich in Sex und Liebe hineinsteigern können.

Sein Bodybuilding absolviert der Schütze am liebsten im Partnerschaftstraining ...

Auch wenn sich der Schütze viel Zeit läßt, wird es für seine Partnerin bestimmt nicht langweilig werden, denn der Schütze-Mann hat Phantasie, originelle Ideen und vor allem Ausdauer. Eine Frau wird bei ihm mit Sicherheit auf ihre Kosten kommen, da er stets zu Wiederholungen gern bereit ist.
Oft möchte er vielleicht seiner Partnerin die Führung überlassen. Er liebt es, wenn sie seine erogenen Zonen an Hüfte und Schenkeln streichelt und damit seine Erregung steigert. Dann wird er auch sie zu ihrem Recht kommen lassen. Der Nachteil seiner enormen Potenz besteht für die momentane Partnerin darin, daß ihm noch genügend Energie bleibt, um andere Frauen glücklich zu machen.

Er kann auch treu sein

Trotz aller Abenteuerlust und Unrast kann selbst der Schütze ein zuverlässiger Partner sein. Ist er richtig verliebt und eröffnet ihm die Geliebte immer wieder neue sexuelle Gefilde, dann ist er aus einem ganz anderen Holz geschnitzt und wirkt sehr beständig. Bei ihm wächst echte Liebe jedoch langsam heran und muß sich erst allen Versuchungen zum Trotz beweisen.
Dieser so charmante, dem Leben zugewandte Mann kann sehr treu sein, wenn ihn eine zu enge Beziehung nicht aus Trotz ausbrechen läßt. Kluge Frauen werden seine vielseitigen Interessen teilen und Verständnis für seinen Beruf zeigen. Sie können umgekehrt das gleiche Einfühlungsvermögen und dieselbe Toleranz von ihm erwarten, wenn auch sie berufstätig sind. Nur sollte eine Frau möglichst nicht mehr verdienen als er; das würde seinen Stolz verletzen.
Schützen legen weniger Wert auf ein gemütliches, ordentliches Zuhause als auf eine unternehmungslustige Partnerin, die sie bei ihren Aktivitäten begleitet. Sie sollte gut zu Fuß sein und mit ihm auf Wanderschaft gehen: Er will die Natur erleben und sich den Alltags-

streß vom Leibe laufen. Eifersucht kann der Schütze nicht ausstehen. Sie zeugt seiner Meinung nach von mangelndem Vertrauen und kann selbst den Treuesten aus diesem Zeichen zum Ausbruch aus der Zweisamkeit verleiten.
Natürlich hat der Schütze als Lebenspartner einige kleine Fehler, die in seinen Charakter eingewebt sind. Wenn man aber seine Vorzüge bedenkt, fallen die Schattenseiten weniger ins Gewicht. Er liebt seine Familie und wird für sie trotz seiner egoistischen Züge vortrefflich sorgen. Er wird seine Partnerin auf Händen tragen, solange er mit ihr glücklich ist. Leider ist das Glück nur zu oft eine recht vergängliche Angelegenheit. Was im Mai der Liebe blüht, trägt nicht immer schöne Früchte.

Wer glaubt, ein Schütze würde gern im Harem leben, sieht sich getäuscht: Er kann auch einer einzigen Frau treu sein.

Die Frau braucht starke Nerven

Zur Grundausstattung einer Frau, die sich auf Dauer mit einem Schütze-Mann verbinden will, sollten starke Nerven und ein stabiles Selbstbewußtsein sowie viel Toleranz für das Freiheitsstreben des Schützen gehören.

Diesbezüglich bringt die *Widder*-Frau recht gute Voraussetzungen mit. Sie gönnt ihm viel Auslauf und ist temperamentvoll genug, seine sexuellen Wünsche zu befriedigen. Mit ihr kann er ein abenteuerliches und abwechslungsreiches Leben führen. Er mag ihr feuriges Temperament und merkt darüber vielleicht gar nicht, wie sie ihn allmählich ganz für sich vereinnahmt. Gemeinsame Interessen, Aktivität und Impulsivität schaffen eine solide Basis für eine dauerhafte Verbindung, in der keine Alltagsroutine aufkommt.

Auch die *Löwin* hat viele Eigenschaften, die sie für den Schütze-Mann attraktiv machen. Sie liebt Luxus, hat Schwung und kann sehr amüsant sein. Er sollte allerdings nicht ihre Eifersucht provozieren oder sie durch seine rücksichtslose Offenheit verletzen. Sie sollte im Gegenzug ihre Herrschaftsansprüche herunterschrauben. Dann steht einer dauerhaften Bindung eigentlich nichts mehr im Wege.

Die *Schütze*-Frau wird ihrem Sternenbruder eine verständnisvolle Gefährtin sein, da sie ähnlich fühlt und denkt wie er. Ihrer beider Toleranz wird manchmal hart auf die Probe gestellt. Geheimnisse haben sie natürlich auch voreinander. Die Partnerschaft dieser freiheitsliebenden Menschen gleicht gelegentlich dem Miteinander von zwei Junggesellen mit gleichen Interessen. Und das hält sie oft ein ganzes Leben lang in Treue fest zusammen.

Als Venustochter harmoniert die *Waage*-Frau im Liebesleben mit dem feurigen Schützen. Da sie sehr umworben ist, entschließt er sich womöglich früh zu einer Ehe mit ihr, um die Mitbewerber auszuste-

Saphire sind die Glücksbringer eines Schütze-Geborenen.

chen. Das Leben der beiden bleibt zwar mehr an der Oberfläche, aber gerade das gefällt dem Schütze-Mann, da er die Fröhlichkeit dieser optimistischen Frau schätzt. Eine solche Verbindung hat viel Aussicht auf Erfolg.

Bei der zweiten Venustochter, der *Stier*-Frau, wird es dem Schützen kaum gelingen, seine Freiheit auszuleben. Ihrer Natur nach will sie den Lebenspartner fest an sich binden, was dem rastlosen Schützen sehr widerstrebt. Auch wenn sich beide auf sexuellem Gebiet gut verstehen, können die Alltagsprobleme leicht zu einer Trennung dieser so gegensätzlichen Sternzeichen führen.

Weil die *Wassermann*-Frau ihn nicht ans Haus bindet, kann der Schütze-Mann seinen Eskapaden frönen. Er sollte jedoch auf der Hut sein; während er sich auswärts vergnügt, zeigen auch andere Männer Interesse an der Wassermann-Frau. Kein Verständnis zeigt sie, wenn ihr der Schütze den Freiraum beschränken will, den sie ihm gönnt. Wenn beide Großzügigkeit walten lassen, wird es auf Dauer zu einer kameradschaftlichen Verbindung kommen, bei der die gemeinsamen geistigen Interessen eine große Rolle spielen.

Die *Fische*-Frau schwimmt dem Schützen nicht davon, doch könnte ihn zeitweise ihre Freude am seelischen Tiefgang stören. Die ruhige Fische-Frau wiederum könnte sich an der Impulsivität des Schützen und seiner Rastlosigkeit stoßen. Da sie jedoch sehr anpassungsfähig ist, läßt sie sich vielleicht vom Optimismus und Elan des Schützen anstecken, so daß es zu einer innigen Beziehung kommt.

Gefühl und seelischer Tiefgang zeichnen auch die *Krebs*-Frau aus. Ob der Schütze-Mann freilich ihre Stimmungsschwankungen ertragen wird, ist nicht ganz sicher. Möglicherweise erscheint ihm die Krebsin viel zu empfindsam, denn ein Mann wie er hat für Diplomatie nicht viel übrig, und auch sein Einfühlungsvermögen ist nicht sonderlich ausgeprägt. In der Liebe ist sie ihm zu zaghaft.

Obwohl das Schütze- und das *Zwillinge*-Zeichen astrologisch in Opposition zueinander stehen, ziehen sich die beiden gewaltig an.

Die fröhliche, humorvolle Dame aus dem Zwillinge-Zeichen wird mit dem munteren Schützen auf sexuellem Gebiet gut harmonieren. Sie ersetzt ihm nicht nur die Nebenfrau, sondern einen ganzen Harem. Gemeinsam sind den beiden ihre Begeisterungsfähigkeit und Wißbegier. Der beiderseitige Wunsch nach Ungebundenheit könnte jedoch den Bestand der Beziehung in Frage stellen.

Voll in die Saiten greift der Schütze bei amourösen Vergnügungen.

Heiß geht es bei der *Skorpion*-Frau her, die eifersüchtig auf ihr alleiniges Besitzrecht an ihm pocht. Das wird der Schütze leicht als Freiheitsberaubung interpretieren. Vielleicht kann sie ihn mit gesteigerter sexueller Einsatzbereitschaft von ihren Vorzügen überzeugen. Die *Steinbock*-Frau hat nach Meinung des Schütze-Mannes zu konträre Ansichten über ein Leben zu zweit. Sie stachelt ihn zwar zu großem beruflichem Ehrgeiz an und versucht selbst, ebenfalls die Karriereleiter zu erklettern – daheim empfängt sie ihn jedoch oft mit kühler Distanz. Möglich, daß gerade eine solche Haltung den Schützen reizt, sie nun erst recht erobern zu wollen.

Spielerisch überrunden Schütze-Geborene die Konkurrenz, egal, ob im Beruf oder im Privatleben.

Kühl reagiert manchmal auch die *Jungfrau*-Geborene, wenn ihr Schütze zu impulsiv ist. Dafür verabscheut er ihre Art, ihn wegen seiner zeitweiligen Verschwendungssucht zu kritisieren. In sehr vielen Bereichen sind diese beiden Sternzeichen sehr unterschiedlich, und wenn der Schütze-Mann sich auf eine Ehe mit ihr einläßt, hat die Jungfrau bestimmt einen Aszendenten, der zu den absoluten Lieblingen des Schütze-Zeichens gehört.

Sie sind karrierebewußt

Schütze-Geborene gehören im Berufsleben meist zu den bewundernswerten Menschen, die unternehmungslustig sind, himmelstürmende Pläne haben und keinen Augenblick zögern, diese auch in die Tat umzusetzen. Sie werden mit traumwandlerischer Sicherheit ihren Weg machen, ohne daß man ihnen übelnimmt, wenn sie mit der Zeit jedwede Konkurrenz überholen. Unter Umständen sind sie nicht tüchtiger als ihre Kollegen, aber sie haben einfach mehr Glück und wissen dies auszunutzen.

Frauen und Männer aus dem Schütze-Zeichen haben ein großes Redetalent. In Diskussionen halten sie sich zwar oft ein ganze Weile zurück, überzeugen dann aber mit Vehemenz. Man glaubt ihnen sofort, daß sie es ehrlich meinen, deshalb machen sie oft als Politikerinnen beziehungsweise Politiker ihren Weg.

Gerne erfüllen Schütze-Menschen Repräsentationspflichten. So kurios es klingt: Sie wirken in der Öffentlichkeit eher zurückhaltend, stehen jedoch meist in vorderster Reihe, um gesehen zu werden.

Sie können sehr sarkastisch die Meinung sagen und dabei jedes Taktgefühl vergessen. Das mag manchen verletzen, gehört aber zu der absoluten Ehrlichkeit eines Schützen, der lieber mit der Wahrheit aneckt, als daß er sich vor lauter Rücksichtnahme auf seine Mitmenschen winden und drehen würde.

Solche Haltung führt freilich manchmal zu einer gewissen Selbstüberschätzung, die den Schütze-Typ nach außen hin als arrogant erscheinen läßt. Wer jedoch einige Zeit mit ihm zusammengearbeitet hat, weiß ganz genau, daß Schützen es nie so arg meinen, wie sie es sagen. Sie reagieren nur überschnell, was den Anschein erweckt, sie seien recht gefühllos im Umgang mit ihren Mitmenschen, um sie zu übertrumpfen.

Schütze-Menschen sind keine Befehlsempfänger, die vor der Obrigkeit strammstehen oder sich ducken. Sie kennen keine Minderwertigkeitskomplexe und nehmen auch kein Blatt vor den Mund. Ihr Selbstbewußtsein kann durch nichts erschüttert werden, denn sie wissen um den eigenen Wert.

Ist dieses Ich-Gefühl zur Anmaßung übersteigert, wird es zu Konflikten mit den Mitmenschen kommen. Dann kann sich der Schütze-Geborene durch seine Impulsivität manchen Gegner schaffen.

Sein Stolz hindert den Schützen auch oft daran, seine Fehler einzugestehen. Kleinbeigeben kann er nicht. Empfindlich reagiert er auf jegliche Kritik, und auch allzu großer Widerstand gegen die eigene Meinung macht ihn gereizt und unbeherrscht.

Berufe, die mit viel Routine verbunden sind und selten neue Aufgaben stellen, sind dem Schützen ein Greuel und werden ihn zum Wechsel veranlassen. Auch wenn er woanders bessere Aufstiegsmöglichkeiten sieht, wird er sich beruflich verändern.

Oft treibt ihn die Abenteuerlust in ferne Länder, aus denen er nach Jahren meist als gemachter Mann (oder als berufserfahrene Frau) zurückkehrt. Er strebt nach Unabhängigkeit, und wenn er in einer Stellung nicht selbständig arbeiten darf, macht ihn das unglücklich. Zu Entlassungen kommt es bei Menschen aus dem Schütze-Zeichen selten, da sie es verstehen, sich unentbehrlich zu machen.

Die geheimnisvollen Schätze ferner Erdteile sind für Schütze-Geborene oft viel erstrebenswerter als ein sicherer Arbeitsplatz.

Wenn es um die Berufswahl geht, sind junge Schützen in einem Zwiespalt. Sie haben viele Interessen und noch mehr Wünsche. Am liebsten möchten sie in die Ferne schweifen, wo sie ihren Horizont erweitern können. Viele von ihnen ziehen als Globetrotter durch die Welt oder suchen sich einen Beruf, in dem viele Reisen notwendig sind. Den meisten Schützen werden solche Wünsche nicht erfüllt. Sie planen nüchterner, studieren Jura, Medizin oder Theologie, um als Richter oder Rechtsanwalt, Chirurg oder Psychiater, Geistlicher oder Lebensberater ihren Weg zu machen.
Aber auch als Konstruktionszeichner und Ingenieure, als Schlosser und Mechaniker, als Elektriker und Bauhandwerker setzen sie sich

Für Schütze-Menschen zählt nur der Sieg. In ihrer ganzen Lebenseinstellung sind sie echte Profis.

durch. Wichtig ist für Schützen im Beruf nur, daß sie genügend Freiraum haben und selbständig arbeiten und gestalten können.
Im Prinzip können sich die Frauen und Männer aus dem Schütze-Zeichen in allen Berufen durchsetzen. In Industrie und Wirtschaft findet man sie unter den leitenden Angestellten, in den Schulen sind sie die Lieblingslehrer ihrer Schüler. Sie sind immer bestrebt, mehr als ihre Pflicht zu tun.
Kein Schütze wird länger als nötig auf den unteren Sprossen der Karriereleiter bleiben. Jeder aus diesem glücksbetonten Zeichen ist für Führungspositionen wie geschaffen. Dabei spielt das Geschlecht in der Regel keine Rolle, denn die Frauen unter den Jupiter-Schützlingen vermögen sich mindestens ebensogut durchsetzen wie ihre strebsamen Sternenbrüder.
Schütze-Geborene werden vorzügliche Chefs sein, die über genügend Erfahrung verfügen, um selbst einem großen Betrieb vorzustehen. Sie sind die geborenen Manager, die alles regeln und ihre Mitarbeiter gezielt dort einsetzen, wo es sich für die Firma und – sehr wichtig! – auch für sie selbst lohnt.
Im Hochleistungssport sind sie jene kraftvollen Kämpfer, für die allein der Sieg zählt. In ihrer ganzen Lebenseinstellung sind diese Sternentypen eben echte Profis.

Geld für ausgefallene Wünsche

Ein Schütze-Mensch lebt gern auf großem Fuße und ist, was die eigenen Wünsche angeht, ein rechter Verschwender. Seine Ausflüge aus dem engen heimatlichen Bereich hinaus in ferne Länder verursachen Kosten. Er weiß daher genau, daß man erst einmal Geld haben muß, um es ausgeben zu können. Deshalb hat der Schütze-Mensch eine durchaus positive Einstellung zu finanziellen Dingen und festen Werten.

Das sprichwörtliche Glück verläßt die Frauen und Männer aus dem von Jupiter beherrschten Zeichen zwar nie ganz, ist aber trotzdem recht trügerisch. Die Schütze-Geborenen wissen dies und gehen deshalb nicht allzu spendabel mit dem Verdienten um, sondern legen stets etwas beiseite. Vermögen – auch kleine – machen das Leben leichter.
Für den Schützen bemißt sich der Wert einer Arbeitsstelle stets auch nach dem Verdienst, der dort zu erzielen ist. Der Schütze arbeitet zwar gern und sieht nie auf die Uhr, dafür will er aber auch entsprechend entlohnt werden.

Wertvoll und dekorativ – so liebt der Schütze seine Geldanlagen.

Selbst wenn er es im Laufe der Jahre zu einem respektablen Vermögen gebracht hat, ist er nicht allzu großzügig anderen gegenüber. Doch hilft er in Not geratenen Menschen; dies entspricht seiner sozialen Ader.
Ein Knauser ist der Schütze nicht, er braucht jedoch stets eine erkleckliche Geldsumme für sich und seine Hobbys. Die Abenteuerlust kann sich im Bereich der Finanzen bei manchen Schützen zu Leichtsinn steigern. Dann kann sein ungezügelter Spieltrieb zu Spielsucht und Wettleidenschaft führen, die oft in einer finanziellen Katastrophe enden.

Der Chalzedon gehört zu den Glücksbringern der Schütze-Geborenen.

Glücklich kann sich der Schütze schätzen, der reiche Eltern hat und mit ihrer Hilfe zum Beispiel sein Fernweh lindern kann. Da ein solcher Fall nicht oft gegeben ist, sind eigenes Können und ein bißchen Glück für alle Schützen die Zauberformel, mit der sie sich jenen Wohlstand verschaffen, der die Erfüllung teurer und ausgefallener Wünsche ermöglicht.

Wenn die Nerven versagen

Fast jeder Schütze-Geborene vermittelt seiner Umwelt das Bild eines ruhigen und ausgeglichenen Menschen. Der Anschein trügt aber! In Wirklichkeit hat er ein sehr dünncs »Nervenkostüm«, und so resultiert die Mehrzahl der Krankheiten, unter denen er zu leiden hat, aus einer Störung des Nervensystems.
Im allgemeinen besitzt er eine gute Widerstandskraft, aber sein temperamentvolles Wesen und sein hoher Energieverbrauch lassen die Nerven nicht nur vibrieren, sondern sie verschleißen auch mit der Zeit. Nervöser Kopfschmerz, rheumatische Erkrankungen und Herzrhythmusstörungen sind dann oft die Folgen. Da der Schütze-Mensch überdies den kulinarischen Genüssen gern zuspricht, sollte er mehr auf seine Leber achten, die vor allem in späteren Jahren Kummer verursachen könnte.
Eigentlich müßte sich kein Schütze wegen seiner Gesundheit Sorgen machen. Seine Naturliebe läßt ihn stets viel frische Luft tanken, und seine Hobbys haben immer etwas mit Sport zu tun und halten seinen Körper fit. Leider neigt er jedoch in allem, was er tut, zu Übertreibungen.
Im sportlichen Bereich zum Beispiel ist der Schütze einer der verletzungsanfälligsten Typen, nicht etwa deshalb, weil sein Knochenbau und seine Muskeln nicht widerstandsfähig genug wären, sondern weil er einfach zuviel wagt. Die Behauptung, daß jeder

Schütze irgendwann einmal Arm und Bein in Gips tragen müsse, ist deshalb nicht von der Hand zu weisen. Schwache Punkte sind auch die Hüften und Oberschenkel, die seit Jahrhunderten dem Schütze-Zeichen zugeordnet sind. Schützen müssen deshalb mit Erkrankungen des Bewegungsapparates und mit Hüftleiden rechnen.
Wie gut, daß die meisten Schützen organische Störungen schnell überwinden. Sie sollten nur nicht zu sorglos mit ihrem Körper umgehen und auch die sogenannten kleinen »Wehwehchen« ernst nehmen, aus denen ja des öfteren hartnäckige Leiden erwachsen.
Wer gern die Nacht zum Tage macht, sollte bedenken, daß ausreichende Ruhezeiten und viel Schlaf das zeitweise über die Maßen

Möglich, daß Schützen auch mal wie die alten Rittersleute Zinngeschirr benutzen. Zinn ist ihr Glücksmetall.

strapazierte Nervensystem wieder in Ordnung bringen können. Zu guter Gesundheit verhelfen auch gymnastische Übungen, wenn sie mit Maß und Ziel ausgeführt werden.

Allerlei Glücksbringer

Sein ganzes Leben lang kann der Schütze-Mensch auf sein Glück vertrauen. Das hat nichts mit Aberglauben zu tun, sondern hängt astrologisch mit dem Planeten Jupiter zusammen, der seinen Schützling mit günstigen Einflüssen »bestrahlt«.
In der Regel wird auch der Schütze-Geborene abstreiten, abergläubisch zu sein. Aber wie es der Zufall will, trinkt er – wie die alten Rittersleute – möglicherweise gern den Wein aus kunstvollen Zinnbechern und ahnt dabei nicht, daß dieses Geschirr aus seinem Glücksmetall gefertigt wurde. Wahrscheinlich liebt er auch jene wunderschönen Steine, die seit jeher seinem Zeichen zugeschrieben werden und die des Schützen Glück sogar verdoppeln könnten.
Glaubt man den Magiern des Mittelalters, soll zum Beispiel der dunkelblaue Saphir, der nur einen Härtegrad weicher als der Diamant ist, die Psyche des Schützen stärken, sein Augenlicht beschützen und gegen vielerlei körperliche Störungen helfen. Die Buddhisten nennen ihn den »Stein der Wahrheit«, und die Wahrheitsliebe betreiben die Schützen ja manchmal äußerst rücksichtslos.
Wie ein Thermometer soll für Jupiters Schützlinge der Türkis, ein blaßblauer bis grüner Halbedelstein, wirken. Schon Aristoteles warnte seine Landsleute vor diesem Mineral, weil es seine Farbe beliebig wechsele. Tatsächlich verliert er die blaue Farbe und tendiert mehr ins Grünliche, wenn sein Träger krank wird. Sobald dieser aber wieder gesund ist, erstrahlt der Türkis erneut in hellem Blau. Schon im alten Ägypten galt der Türkis als Schutzstein der Sportler und wurde bei Wettkämpfen als Talisman getragen.

Die Kraft und die Gesundheit eines Schütze-Menschen soll auch der Chalzedon, ein zartrötlicher, weiß unterlegter oder durchschossener Halbedelstein aus der Quarz-Chalzedon-Gruppe, stützen und Unzufriedenheit und Melancholie verhindern.
Reichtum dagegen soll dem Schützen der blaßgrüne Chrysolith vermitteln; der blaue, manchmal auch grün-violette Lapislazuli soll allzeit Erfolg bringen.

Der blaßgrüne Chrysolith, als Talisman getragen, schenkt den Schütze-Geborenen glückliche Geschäfte und Reichtum.

Als Glücksbringer des Schützen gilt auch die einst heilige Zahl 3. Deshalb sind für ihn nach der Numerologie der 3., 12,. 21. und 30. eines jeden Monats besonders günstige Tage – weil die Ziffern die Quersumme 3 haben.

Die Symbolkraft der Pflanzen

Blumen, Heil- und Nutzpflanzen sagen einiges über den Charakter des Schütze-Menschen aus. Seit dem Altertum werden ihm die heimischen Orchideen zugeordnet, die auf den guten Wuchs und die königliche Haltung der im Schütze-Zeichen Geborenen hinweisen können. Der Frauenschuh mit seiner pantoffelähnlichen Blütenlippe wächst in den europäischen Laubwäldern und kann darauf hindeuten, daß der Schütze gern auch mal eine »dicke Lippe« riskiert. Das dunkelpurpurn bis violett blühende Knabenkraut, das im Moder oder auf Bäumen zu finden ist, spricht vielleicht von der knabenhaft schlanken Gestalt der meisten Schütze-Frauen. In diese Gruppe der dem Schützen zugeordneten Orchideenarten gehören auch noch die Bocksorchis und die Vogelnestwurz, die vielleicht auf des Schütze-Menschen erotische Vorlieben anspielen soll.
Der wollige Schneeball hat glockenförmige Blüten, die weiße bis rötliche Dolden bilden; seine erst roten, dann schwarzen Früchte sind giftig und werden Schwindelbeeren genannt, was vielleicht darauf verweist, daß der Schütze bei aller Wahrheitsliebe auch mal gern flunkert, wenn er sich davon einen Vorteil verspricht.
Dem Sternzeichen Schütze werden auch einige Nutz- und Heilpflanzen zugeordnet, wie der Himbeerstrauch und das Zuckerrohr, der wassertreibende Spargel, die an Vitamin C reiche Petersilie und

Der giftige Schneeball mit seinen zartweißen Blüten zählt astrologisch zu den Blumen, die diesem Zeichen zugeschrieben werden.

der wildwuchernde Majoran, der bei asthmatischen Beschwerden krampflösende Wirkung hat.
Kräftige und hochragende Bäume sind ebenso schützetypisch. Sie verkörpern wie die Buche, die Esche, der Lorbeerbaum, die Linde, der Birnbaum und der Eukalyptusbaum die Charakterstärke und das ständige Streben des Schütze-Typs nach oben.

Stolz wie ein Pfau

Auch bestimmte Tiere sind seit Urzeiten astrologisch dem Schütze-Zeichen zugeordnet. An erster Stelle steht der Hirsch, der in nach Geschlecht getrennten Rudeln lebt, die sich nur in der Brunftzeit vereinigen, wobei es harte Kämpfe zu bestehen gilt. Sein Geweih drückt vor allem geschlechtliche Kraft aus, die auch bei den Schütze-Geborenen vorhanden ist.
Das ebenfalls schützetypische Damwild, dessen Schaufeln wie ein Ahornblatt geformt sind, bildet übrigens zur Brunftzeit kleine Harems, in denen sich das männliche Tier wie ein Pascha gebärdet.
Auch der starke, etwas behäbig erscheinende Elefant wird astrologisch im Schütze-Zeichen angesiedelt. In seiner Jugend ist er stets zu Späßen aufgelegt und zeigt auch in späteren Jahren viel Humor.
Das Pferd, das vor Hindernissen scheut oder sie im Sturm nimmt, nannten die Araber »aus Feuer und Wind geboren«, was aus astrologischer Sicht durchaus auf den feurig-stürmischen Schütze-Typ bezogen werden kann.
Der Paradiesvogel der Mohammedaner, der Pfau, beschließt diese Aufzählung. Er gilt als Symbol der Eitelkeit, die sich bei manchen Schützen in einem arroganten Wesen zur Schau stellt. Vor allem aber ist die stolze Haltung des Pfaus schützetypisch.

Wie ein Pfau schlägt der eitle Schütze Rad und wirft sich in Positur.

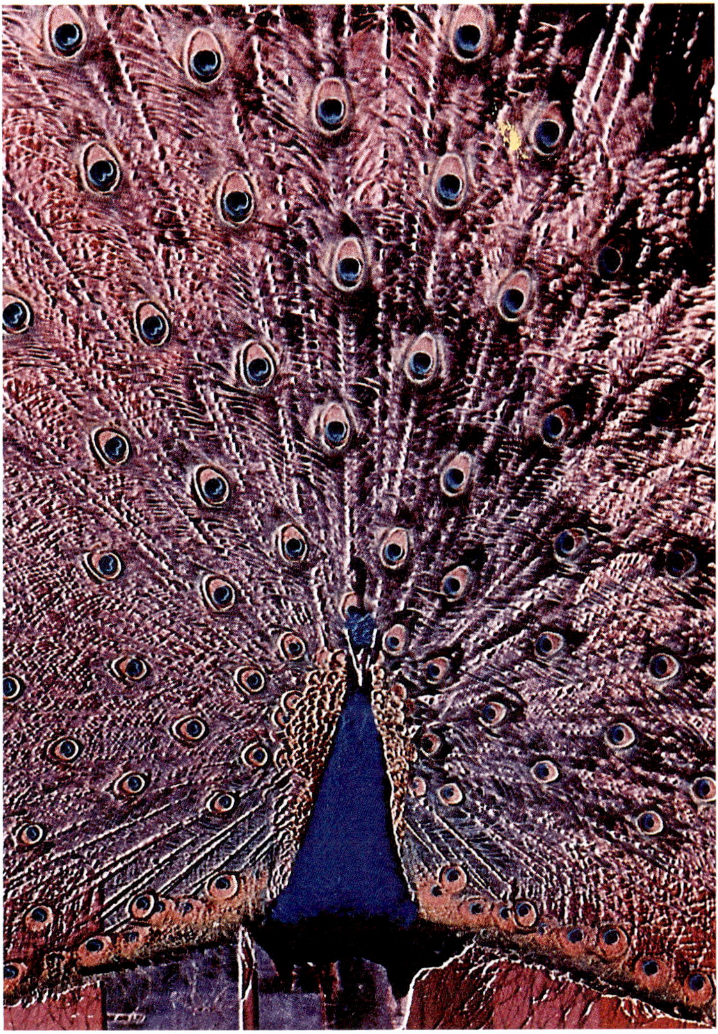

Das Schütze-Kind: der Eltern bester Kamerad

Das Schütze-Kind braucht eine intakte Familie und viel Freiraum, um sich entfalten zu können. Die Eltern sollten sich kameradschaftlich zu ihm verhalten und nicht autoritär seine Fehler sanktionieren, die es im kindlichen Übermut macht. Dieses Kind ist oft das Bindeglied zwischen Vater und Mutter, die mit ihm – falls sie erst spät geheiratet haben – noch einmal jung werden. Bereits das Baby verlangt nach viel frischer Luft, was mehr als einmal dazu zwingt, den

Schütze-Kinder sind sehr tierlieb und naturverbunden.

Kinderwagen über Berg und Tal zu schieben. Eltern benötigen hier viel Ausdauer. Auch später will das Schütze-Kind stundenlang spielen, was ältere Familienmitglieder lange fit hält. So wird dieser kleine Wirbelwind zum besten Kamerad seiner Eltern. Um sich selbst etwas Ruhe zu verschaffen, sollte das Kind aber auch mit Gleichaltrigen zusammengebracht werden. Zum Stubenhocker kann man es nicht erziehen, es braucht einen Garten hinterm Haus oder eine Spielwiese, wo es sich mit seinen Freunden austoben kann. Hier zeigen Jungen und Mädchen den gleichen Bewegungsdrang.

Eltern sollten ihren Schütze-Kindern viel Auslauf gewähren.

Schütze-Kinder sind sehr begeisterungsfähig und interessieren sich für viele Dinge – Menschen und Tiere eingeschlossen. Wenn genügend Platz in der Wohnung vorhanden ist, sollte man dem Schütze-Kind schon früh einen vierbeinigen Spielkameraden schenken, mit dem es über Stock und Stein springen kann. Dieses aufgeweckte Kind ist sehr tierlieb, seine Naturverbundenheit kennt keine Grenzen. Es würde seelisch daran zerbrechen, wenn es nicht seine Freiheit in der Natur suchen könnte.

Schütze-Kinder sind meist sportliche Typen, weshalb man ihnen, falls sie es wünschen, schon bald die Erlaubnis geben sollte, einem Verein beizutreten. Hier können sie ihren Übermut und mancherlei Aggressionen abreagieren. Bei allem Drang nach außen braucht das Schütze-Kind zu Hause eine Atmosphäre des Verständnisses und der Geborgenheit, in die es nach seinen Ausflügen zurückkehren kann, um seine Erfahrungen aufzuarbeiten. Verständnisvolle Eltern müssen sich nicht sorgen, wenn ihr Nachwuchs nur noch zu den Mahlzeiten heimkommt. Das Schütze-Kind wird gern mit seinen Eltern verreisen und auf langen Wanderungen gemeinsam mit ihnen Wald und Flur kennenlernen wollen.

Die jungen Jupiter-Schützlinge sind immer ehrlich. Wenn sie etwas angestellt haben, werden sie es offen bekennen. Die Eltern sollten ihnen mit der gleichen Offenheit gegenübertreten und vertrauensvoll ein kameradschaftliches Verhältnis aufbauen.

In der Schule wird sich das Schütze-Kind wohlfühlen, wenn es Lehrer hat, die nicht stur auf Lehrsätzen und auf der Schulordnung beharren, sondern bei aller Disziplin Verständnis für das so lebhafte Kind aufbringen. Es lernt gerne und begreift schnell. Mit seinen Schulkameraden wird sich dieses Kind vortrefflich verstehen, besonders wenn diese sportlich sind.

Natürlich wird man den kleinen Schützen kaum lange bei seinen Hausaufgaben in der Wohnung halten können, wenn draußen die Sonne lacht und zum Spielen lockt. Wer einen Zeitplan macht und das Kind in Schemata zwängen will, wird auf kindlichen Trotz stoßen. Warum soll es gerade jetzt, wo es draußen schön ist, in der Stube hocken und für die Schule arbeiten? Später, wenn es dunkel wird, ist dafür auch noch Zeit. Kompromißbereite Eltern lassen ihm dann seinen Willen und können fest darauf bauen, daß ihr Schütze-Kind schnell begreifen wird, daß eine gewisse Selbstdisziplin für seinen weiteren Weg notwendig ist.

Zum Leidwesen mancher Eltern werden einige Schütze-Kinder früh selbständig. Sie streben nach Unabhängigkeit, obwohl sie die Bindung ans Elternhaus nie ganz verlieren. Eltern sollten diesen Drang nach Freiheit unterstützen, aber auch die Gefahren erklären, die junge Menschen erwarten.

Oft genug sind Schütze-Kinder eine Spur zu vertrauensselig. Eltern sollten hier rechtzeitig gegensteuern und die Kritik- und Urteilsfähigkeit ihres Sprößlings stärken, ohne ihm übertriebenes Mißtrauen gegenüber seinen Mitmenschen einzuimpfen. Das Schütze-Kind ist sehr verständig und nimmt solche Ermahnungen freundlich entgegen. Es tut dann zwar doch, was es selber für richtig hält, gleichwohl stellt sich dieser Weg oft als der beste heraus.

Die Berufswahl eines Schützen gestaltet sich meist schwierig, da er überaus vielseitige Interessen hat. Oft wissen die Schütze-Geborenen aber intuitiv zwischen Wunschträumen und realisierbaren Möglichkeiten zu unterscheiden und treffen die richtige Wahl. Auch in dieser Frage sollten Eltern ihre Schütze-Kinder als gleichberechtigte Gesprächspartner akzeptieren und nicht versuchen, sie durch Zwang in einen bestimmten Beruf zu drängen. Empfehlungen wird der Schütze jedoch immer prüfen – und ihnen vielleicht auch folgen.

Bild Seite 70: Schütze-Kinder sind widerborstig und doch auch so süß wie die Himbeere, die ihrem Zeichen zugeordnet wird ...
Bild Seite 71: ... was ebenso auf den Birnbaum zutrifft. Wie dessen Früchte reifen die Jupiter-Schützlinge schnell.

Der etwas andere Schütze

Nicht jeder der im letzten Herbstmonat Geborenen ist ein »reiner« Schütze. Astrologisch gesehen hat jeder Mensch ein zweites Tierkreiszeichen, den Aszendenten, der in der Minute der Geburt gerade am östlichen Horizont aufstieg. Wenn auch das Schütze-Zeichen sehr intensiv ist, so strahlt dieser Aszendent Kräfte aus, die sich mit den charakterlichen Merkmalen eines Schütze-Geborenen vermischen. Und so sehen die etwas anderen Schützen dann aus:

Aszendent Widder verstärkt die typischen Schütze-Eigenschaften und gibt ihm noch mehr innere Kraft. Er bremst die Höhenflüge des Schützen nicht, sondern sorgt im Gegenteil noch für Aufwind. Der Schütze mit dem Aszendenten Widder eckt mit seinem oft übertriebenen Gerechtigkeitssinn an. Doch er fühlt sich in der Gemeinschaft wohl und versucht, für andere den Entwicklungshelfer zu spielen. Seine Wanderlust führt ihn oft in weite Fernen, wo er Urlaub vom Alltag machen kann. Leider bleibt ihm wegen Arbeitsüberlastung aber häufig wenig Zeit für das Privatleben.

Aszendent Stier wird beim Schützen die gefühlsmäßige Seite betonen, ohne die typischen Schütze-Eigenschaften zu dämpfen. Eher wird des Schützen egozentrisches Wesen durch diesen Aszendenten noch verstärkt. Der Schütze mit dem Aszendenten Stier versucht, seine Mitmenschen auch auf der Gefühlsebene in seine Richtung zu zwingen. Er verliebt sich oft, reagiert aber eifersüchtig, wenn ihm Rivalen in die Quere kommen. Wenn er Karriere gemacht hat, vergißt er leider manchmal seine besten Freunde. Einige dieser Mischtypen sind sehr treu. Vor allem aber sind sie sehr naturverbunden.

Aszendent Zwillinge steuert hervorragende Geistesgaben und ein Gespür für lukrative Geschäfte bei. Er macht den Schützen geistig

Die hohe, weit ausladende Esche gehört, wie auch die Buche und die Linde, astrologisch zum Tierkreiszeichen Schütze.

beweglicher und fördert seine schöpferischen Kräfte. Der Schütze mit dem Aszendenten Zwillinge nützt jede Gelegenheit aus, um schnell Karriere zu machen. Da er aber oft recht unentschlossen ist, bleibt er hier und da auch einmal auf halbem Wege stehen. Was er sagt, hat immer Hand und Fuß, wirkt jedoch des öfteren recht demagogisch. Aufgrund seines umgänglichen Wesens findet er viele Freunde, die ihn fördern. Im zwischenmenschlichen Bereich zögert er eine dauerhafte Verbindung hinaus und verscherzt sich damit Sympathien bei denen, die er liebt.

Aszendent Krebs zügelt zwar des Schützen Temperament, kann aber auch einige seiner schlechten Eigenschaften mildern. Er lehrt den so Beredten das Schweigen zu gegebener Zeit. Manche halten den Schützen mit dem Aszendenten Krebs für entschlußlos, andere schätzen ihn eher als verantwortungsbewußte Persönlichkeit. Oft bestimmt viel Gefühl sein Handeln. Er ist weniger auf Abenteuer aus und sorgt für stabile Verhältnisse. Dieser Mischtyp bewegt sich gern an der frischen Luft, frönt aber der Reiselust in ferne Länder höchst selten. Insgesamt ist er ein Partner mit viel seelischem Tiefgang, der meist eine Dauerverbindung anstrebt.

Aszendent Löwe gibt dem Schützen gesellschaftlichen Schliff, läßt ihn jedoch oft arrogant erscheinen. Ein Salonlöwe ist der freiheitsdurstige Schütze mit dem Aszendenten Löwe deshalb aber noch lange nicht. Er ist eine angesehene Persönlichkeit, die schon in jungen Jahren das Befehlen lernt; unterordnen kann er sich nicht. Im intimen Bereich kann er ein verläßlicher Partner mit viel Herzenswärme werden. Im allgemeinen möchte jeder gut Freund mit diesem Sternenmischling sein.

Aszendent Jungfrau lehrt den Schützen das Sparen. Schon in jungen Jahren ist er ein kühler Rechner, was sich mit der Zeit in einem stetig

Aszendent Krebs sorgt dafür, daß sich der wanderlustige Schütze viel an der frischen Luft bewegt.

wachsenden Vermögen manifestieren wird. Rechtschaffenheit und Anständigkeit sind beim Schützen mit dem Aszendenten Jungfrau oberstes Gebot.
Mit recht moralischen Grundsätzen geht er das Leben an und gilt deshalb in manchen Kreisen als zu pingelig. Er ist ein kühler Typ, der gern die charakterlichen Schwachstellen seiner Mitmenschen aufspürt und offen kritisiert. Harmonie herrscht im Privatleben vor, für das er freilich wegen ständiger Arbeitsüberlastung nicht viel Zeit erübrigen wird.

Die Anmut edler Pferde begeistert die tierliebenden Schütze-Geborenen immer wieder aufs neue.

Aszendent Waage verleiht dem Schützen jene diplomatische Art, mit der er selbst schwierige Situationen meistern kann. Der Schütze mit dem Aszendenten Waage ist höflich und freundlich. Er bevorzugt Frieden und Harmonie in seinem Leben und findet gute Freunde, denen er hilfreich zur Seite steht, wenn sie einmal in Not geraten. Die lässige Eleganz, mit der er überall auftritt, sorgt für Bewunderer. Zwar hat dieser Mischtyp einen ausgeglichenen Charakter, aber in den zwischenmenschlichen Beziehungen liebt er den Wechsel. Eine große Zahl eingefleischter Singles kommt aus diesem Mischzeichen.

Der Lebensweg eines Schützen führt meist pfeilgerade nach oben – es sei denn, er hat einen ungünstigen Aszendenten.

Aszendent Skorpion schürt das Feuer der Leidenschaft sowie den Willen nach grenzenloser Freiheit und Unabhängigkeit. Der Schütze mit dem Aszendenten Skorpion möchte um jeden Preis unabhängig sein und strebt mit unbeugsamem Willen in die höchsten Etagen des Lebens.
Wenn er es zu etwas gebracht hat, ist er ein perfekter Gastgeber, der andere an seinem Leben in Luxus teilhaben läßt. Bis es aber soweit ist, muß manche Schwierigkeit überwunden werden. Leider hat dieser Mischtyp oft zu wenig Zeit, um den richtigen Partner zu suchen. Hat er ihn dann doch gefunden, stört er das harmonische Zusammenleben wegen zu vieler anderweitiger Verpflichtungen.
Aszendent Schütze fördert die hohen Ideale, mit denen er zum Lebenskampf angetreten ist. Er ist in allen Bereichen für soziale Gerechtigkeit und hilft stets dem Schwächeren. Der doppelte Schütze ist lebhaft und begeisterungsfähig, sportlich und naturliebend. Sein Wunsch nach Geselligkeit läßt ihn nach außen streben. Auf abenteuerliche Art und Weise versucht er, die Welt für sich zu erobern, bleibt aber oft an Äußerlichkeiten hängen. Was er anpackt, gelingt ihm meistens; vor allem im Beruf. Im intimen Bereich wirkt er etwas flatterhaft. Die Männer dieses Mischtyps halten sich gerne mehrere Möglichkeiten offen, die Frauen suchen nach dem Märchenprinzen, den sie manchmal auch finden.
Aszendent Steinbock macht den Schützen ehrgeizig. Er wird jede Gelegenheit beim Schopfe fassen, um seine Karriere voranzutreiben. Reisen dienen ihm als Mittel, um gute Verbindungen zu knüpfen oder den eigenen Horizont zu erweitern. Alles, was er beginnt, hat das Ziel, den Wohlstand zu mehren. Des Schützen Beweglichkeit und des Steinbocks stures Beharren ergeben Menschen, die sich im Leben durchsetzen und vieles erreichen. Der Schütze mit dem Aszendenten Steinbock gilt bei manchen als eiskalter Typ, bis sie seine Wohltätigkeit sozial Schwächeren gegenüber kennenlernen. Sein Privatleben schirmt er vor neugierigen Blicken ab.

Aszendent Wassermann fördert des Schützen soziale Ader und macht ihn zum Vorkämpfer für Humanität und andere hohe Ideale. Der Schütze mit dem Aszendenten Wassermann bringt es aufgrund seiner Intelligenz und der ihm eigenen Beweglichkeit zu hohem Ansehen und möglicherweise auch zu einem stattlichen Vermögen. Was er einnimmt, zerinnt jedoch oftmals in seinen Händen. Er ist sehr beliebt. Seltsam ist nur, daß er sich in der Regel trotzdem meistens schwer tut, den richtigen Partner zu finden.
Aszendent Fische hat den »glücklichen« Planeten Jupiter mit dem Schützen gemeinsam. Dem Schützen mit dem Aszendenten Fische ist der gesellschaftliche und soziale Aufstieg sicher, weil er anpas-

Obwohl Orchideen hohe Pflegeansprüche stellen, sind sie sehr robust – wie alles, was schützetypisch ist.

sungsfähig ist und mit Leichtigkeit erreicht, was anderen nur mit großen Kraftanstrengungen gelingt. Trotz dieser guten Vorzeichen genügt diesem Mischtyp manchmal auch ein gutbezahlter Job. Im privaten Bereich findet er immer jemanden, mit dem er harmoniert. Nur seine Treue muß mit einem Fragezeichen versehen werden.

Ausgerechnet: der Aszendent

Um den Aszendenten auszurechnen, muß man neben dem Geburtsdatum und seinem Geburtsort auch die Minute der Geburt eines Schütze-Geborenen kennen.
In Tabelle 1 findet man die für den Geburtsort zutreffende Zeitkorrektur. Steht der Ort nicht in der Tabelle, nimmt man einfach die Zeitkorrektur der am nächsten gelegenen, in der Tabelle aufgeführten Stadt. Bei dem Vorzeichen Plus (+) muß die Minutenzahl zu der Geburtszeit hinzugezählt, entsprechend beim Vorzeichen Minus (–) die angegebene Minutenzahl abgezogen werden.
Man rechnet dann die in Tabelle 2 für den Geburtstermin angegebene Sternzeit hinzu. Sie beträgt zum Beispiel am 4. Dezember 4 Stunden und 50 Minuten.
In einigen Jahren galt in Deutschland und Österreich, aber nicht in der Schweiz, auch im Winter noch die Sommerzeit. Bei den Schütze-Geborenen der Jahrgänge 1940 und 1941 muß man bei der Berechnung des Aszendenten eine Stunde von dem vorherigen Ergebnis Geburtszeit (vermindert oder vermehrt durch die entsprechende Zeitkorrektur) plus Sternzeit abziehen.
Geht die so gefundene Zahl über 24 Uhr hinaus, müssen 24 Stunden abgezogen werden.
Die so errechnete Zeit wird in Tabelle 3 unter der Breitengradzahl des Geburtsortes (siehe Tabelle 1) gesucht. Damit ist der Aszendent gefunden.

Ein kleines Beispiel mag diese zunächst vielleicht etwas schwierig erscheinende Berechnung erläutern:

Geburtszeit: 4. Dezember 1955, um 6.20 Uhr in Würzburg.

1. Geburtszeit:	6 h 20 min
2. Ortszeit: Korrektur für den Geburtsort Würzburg (siehe Tabelle 1):	– 0 h 20 min
	6 h 00 min
3. Sternzeit des 4. Dezember wird zur erhaltenen Ortszeit addiert (siehe Tabelle 2):	+ 4 h 50 min
	10 h 50 min
4. Sommerzeit galt im Winter 1955 nicht, also muß keine Stunde abgezogen werden:	– 0 h 00 min
	10 h 50 min
5. Da die Zahl nicht über 24 Uhr hinausgeht, werden keine 24 Stunden abgezogen:	– 0 h 00 min
6. Das ergibt die eigentliche Sternzeit:	10 h 50 min

Die Sternzeit des am 4. Dezember 1955 um 6.20 Uhr in Würzburg geborenen Schütze-Typs ist 10 Uhr 50 Minuten. Sein Aszendent ist laut Tabelle 3 beim Breitengrad für Würzburg (50°) das Tierkreiszeichen *Skorpion*.

Tabelle 1: Berechnung der Ortszeit

Aachen (51°)	– 36 Min.	Klagenfurt (47°)	– 3 Min.
Augsburg (48°)	– 16 Min.	Koblenz (50°)	– 26 Min.
Baden-Baden (49°)	– 27 Min.	Köln (51°)	– 32 Min.
Bamberg (50°)	– 16 Min.	Königsberg (55°)	+ 22 Min.
Basel (48°)	– 30 Min.	Konstanz (48°)	– 23 Min.
Berlin (53°)	– 6 Min.	Lausanne (46°)	– 33 Min.
Bern (47°)	– 29 Min.	Leipzig (51°)	– 10 Min.
Bielefeld (52°)	– 26 Min.	Lienz (47°)	– 9 Min.
Bonn (51°)	– 31 Min.	Lindau (47°)	– 21 Min.
Braunschweig (52°)	– 18 Min.	Linz/Donau (48°)	– 3 Min.
Bregenz (47°)	– 21 Min.	Lübeck (54°)	– 17 Min.
Bremen (53°)	– 25 Min.	Luxemburg (50°)	– 35 Min.
Breslau (51°)	+ 8 Min.	Luzern (47°)	– 27 Min.
Chemnitz (51°)	– 8 Min.	Magdeburg (52°)	– 13 Min.
Danzig (54°)	+ 15 Min.	Mainz (50°)	– 27 Min.
Donaueschingen (48°)	– 26 Min.	Mannheim (49°)	– 26 Min.
Dortmund (52°)	– 30 Min.	München (48°)	– 14 Min.
Dresden (51°)	– 5 Min.	Münster (52°)	– 30 Min.
Düsseldorf (51°)	– 33 Min.	Nürnberg (49°)	– 16 Min.
Duisburg (51°)	– 33 Min.	Oldenburg (53°)	– 27 Min.
Emmerich (52°)	– 35 Min.	Osnabrück (52°)	– 28 Min.
Essen (51°)	– 32 Min.	Passau (49°)	– 6 Min.
Flensburg (55°)	– 22 Min.	Regensburg (49°)	– 12 Min.
Frankfurt/Main (50°)	– 25 Min.	Rostock (54°)	– 12 Min.
Freiburg/Breisgau (48°)	– 29 Min.	Saarbrücken (49°)	– 32 Min.
Garmisch (47°)	– 16 Min.	Salzburg (48°)	– 8 Min.
Genf (46°)	– 35 Min.	St. Gallen (47°)	– 22 Min.
Göttingen (51°)	– 20 Min.	Straßburg (49°)	– 29 Min.
Graz (47°)	+ 2 Min.	Stuttgart (49°)	– 23 Min.
Halle (52°)	– 12 Min.	Trier (50°)	– 33 Min.
Hamburg (54°)	– 20 Min.	Tübingen (49°)	– 24 Min.
Hannover (52°)	– 21 Min.	Ulm (48°)	– 20 Min.
Heidelberg (49°)	– 25 Min.	Villach (47°)	– 4 Min.
Hof (50°)	– 12 Min.	Weimar (51°)	– 15 Min.
Innsbruck (47°)	– 14 Min.	Westerland/Sylt (55°)	– 27 Min.
Jena (51°)	– 14 Min.	Wien (48°)	+ 6 Min.
Kaiserslautern (49°)	– 29 Min.	Wiesbaden (50°)	– 27 Min.
Karlsruhe (49°)	– 26 Min.	Würzburg (50°)	– 20 Min.
Kassel (51°)	– 22 Min.	Wuppertal (51°)	– 31 Min.
Kiel (54°)	– 20 Min.	Zürich (47°)	– 26 Min.

Tabelle 2: Sternzeit

Tag	Jan. Zeit	Feb. Zeit	März Zeit	April Zeit	Mai Zeit	Juni Zeit	Juli Zeit	Aug. Zeit	Sept. Zeit	Okt. Zeit	Nov. Zeit	Dez. Zeit
1	6.37	8.40	10.34	12.36	14.35	16.37	18.35	20.37	22.39	0.38	2.40	4.38
2	6.41	8.44	10.38	12.40	14.38	16.41	18.39	20.41	22.43	0.42	2.44	4.42
3	6.45	8.48	10.42	12.44	14.42	16.45	18.43	20.45	22.47	0.46	2.48	4.46
4	6.49	8.52	10.46	12.48	14.46	16.49	18.47	20.49	22.51	0.50	2.52	4.49
5	6.53	8.55	10.50	12.52	14.50	16.52	18.51	20.53	22.55	0.54	2.56	4.53
6	6.57	8.59	10.54	12.56	14.54	16.56	18.55	20.57	22.59	0.57	3.00	4.57
7	7.01	9.03	10.58	13.00	14.58	17.00	18.59	21.01	23.03	1.01	3.04	5.01
8	7.05	9.07	11.02	13.04	15.02	17.04	19.03	21.05	23.07	1.05	3.08	5.05
9	7.09	9.11	11.06	13.08	15.06	17.08	19.07	21.09	23.11	1.09	3.11	5.09
10	7.13	9.15	11.10	13.12	15.10	17.12	19.10	21.13	23.15	1.13	3.15	5.13
11	7.17	9.19	11.13	13.16	15.14	17.16	19.14	21.17	23.19	1.17	3.19	5.17
12	7.21	9.23	11.17	13.20	15.18	17.20	19.18	21.21	23.23	1.21	3.23	5.21
13	7.25	9.27	11.21	13.24	15.22	17.24	19.22	21.25	23.27	1.25	3.27	5.25
14	7.29	9.31	11.25	13.27	15.26	17.28	19.26	21.29	23.31	1.29	3.31	5.28
15	7.33	9.35	11.29	13.31	15.30	17.32	19.30	21.32	23.35	1.33	3.35	5.32
16	7.37	9.39	11.33	13.35	15.34	17.36	19.34	21.36	23.39	1.37	3.39	5.36
17	7.41	9.43	11.37	13.39	15.38	17.40	19.38	21.40	23.43	1.41	3.43	5.40
18	7.45	9.47	11.41	13.43	15.42	17.44	19.42	21.44	23.46	1.45	3.47	5.44
19	7.48	9.51	11.45	13.47	15.45	17.48	19.46	21.48	23.50	1.49	3.51	5.48
20	7.52	9.55	11.49	13.51	15.49	17.52	19.50	21.52	23.54	1.53	3.55	5.52
21	7.56	9.59	11.53	13.55	15.53	17.56	19.54	21.56	23.58	1.57	3.59	5.55
22	8.00	10.02	11.57	13.59	15.57	18.00	19.58	22.00	0.02	2.01	4.03	5.59
23	8.04	10.06	12.01	14.03	16.01	18.03	20.02	22.04	0.06	2.04	4.07	6.03
24	8.08	10.10	12.05	14.07	16.05	18.07	20.06	22.08	0.10	2.08	4.11	6.07
25	8.12	10.14	12.09	14.11	16.09	18.11	20.10	22.12	0.14	2.12	4.15	6.11
26	8.16	10.18	12.13	14.15	16.13	18.15	20.14	22.16	0.18	2.16	4.19	6.15
27	8.20	10.22	12.17	14.19	16.17	18.19	20.18	22.20	0.22	2.20	4.22	6.19
28	8.24	10.26	12.20	14.23	16.21	18.23	20.21	22.24	0.26	2.24	4.26	6.22
29	8.28	10.30	12.24	14.27	16.25	18.27	20.25	22.28	0.30	2.28	4.30	6.26
30	8.32		12.28	14.31	16.29	18.31	20.29	22.32	0.34	2.32	4.34	6.30
31	8.36		12.32		16.33		20.33	22.36		2.36		6.34

Tabelle 3: Hier ist Ihr Aszendent

	47° Uhrzeit	48° Uhrzeit	49° Uhrzeit	50° Uhrzeit	51° Uhrzeit
Löwe	0.36– 3.18	0.34– 3.16	0.31– 3.14	0.26– 3.12	0.21– 3.10
Jungfrau	3.19– 6.00	3.17– 6.00	3.15– 6.00	3.13– 6.00	3.11– 6.00
Waage	6.01– 8.41	6.01– 8.43	6.01– 8.45	6.01– 8.47	6.01– 8.49
Skorpion	8.42–11.23	8.44–11.27	8.46–11.31	8.48–11.35	8.50–11.39
Schütze	11.24–13.50	11.28–13.55	11.32–14.00	11.36–14.05	11.40–14.10
Steinbock	13.51–15.41	13.56–15.45	14.01–15.48	14.06–15.52	14.11–15.56
Wassermann	15.42–16.58	15.46–17.00	15.49–17.02	15.53–17.04	15.57–17.06
Fische	16.59–18.00	17.01–18.00	17.03–18.00	17.05–18.00	17.07–18.00
Widder	18.01–19.01	18.01–18.59	18.01–18.57	18.01–18.55	18.01–18.53
Stier	19.02–20.19	19.00–20.15	18.58–20.11	18.56–20.07	18.54–20.03
Zwillinge	20.20–22.10	20.16–22.05	20.12–22.00	20.08–21.55	20.04–21.51
Krebs	22.11– 0.35	22.06– 0.33	22.01– 0.30	21.56– 0.25	21.52– 0.20

	52° Uhrzeit	53° Uhrzeit	54° Uhrzeit	55° Uhrzeit
Löwe	0.16– 3.08	0.13– 3.06	0.08– 3.04	0.05– 3.01
Jungfrau	3.09– 6.00	3.07– 6.00	3.05– 6.00	3.02– 6.00
Waage	6.01– 8.52	6.01– 8.54	6.01– 8.56	6.01– 8.58
Skorpion	8.53–11.43	8.55–11.47	8.57–11.52	8.59–11.57
Schütze	11.44–14.15	11.48–14.20	11.53–14.26	11.58–14.30
Steinbock	14.16–16.01	14.21–16.06	14.27–16.10	14.31–16.14
Wassermann	16.02–17.09	16.07–17.11	16.11–17.14	16.15–17.17
Fische	17.10–18.00	17.12–18.00	17.15–18.00	17.18–18.00
Widder	18.01–18.51	18.01–18.49	18.01–18.46	18.01–18.44
Stier	18.52–19.59	18.50–19.55	18.47–19.50	18.45–19.45
Zwillinge	20.00–21.45	19.56–21.39	19.51–21.33	19.46–21.39
Krebs	21.46– 0.15	21.40– 0.12	21.34– 0.07	21.40– 0.04

Völlig überarbeitete, erweiterte und neugestaltete Ausgabe der zuletzt 1992 erschienenen Reihe »Im Zeichen der Sterne«

ISBN 3 8068 1539 9

Umschlaggestaltung: Bayerl & Ost, Frankfurt am Main
Lektorat: Ingrid Reuter und Anna Christiane Loll
Herstellung: Königsdorfer Verlagsbüro, Frechen
Titelbild: The Image Bank (Francesco Reginato), München
Vorsatz: Michael Wollert, Menden
Nachauflagenredaktion: Winfried Schindler
Fotos: Adamas KG M. Klotz, aus »Harry Winston – The Ultimate Jeweler Gemmological Institute of America, Santa Monica CA, USA«, Frankfurt am Main (47); Bongarts Sportfotografie, Hamburg (43, 54); FALKEN Archiv (20, 49, 79); I. Gerlach, Betzdorf/Sieg (30); hapo, Wolfersdorf (14, 70, 71); G. Kelbert, Idstein (16, 59); K. Köhler Creativstudio, Fischbach (39, 57, 61); U. Kröner, Neu-Isenburg (24); P. Noack, Frankfurt am Main (22, 26, 53, 56); E.-R. Noll, Mörfelden-Walldorf (28); P. Pinzer, Idstein (77); Reinhard-Tierfoto, Heiligkreuzsteinach-Eiterbach (35, 72, 76); Silvestris Fotoservice, Kastl/Obb.: Lindenburger (40), The Telegraph Colour Library (45); E. Stark, Hemmingen (6/7, 36/37, 66); USIS, Bonn (9); K. Wagner, Braunschweig (63); W. Waldmann, Stuttgart (18, 23, 67); H. Wedewardt, Rösrath (33, 50, 65); M. Will, Karlsruhe (4/5); Xeniel-Dia/Dr. J. Nittinger, Neuhausen (74)
Zeichnung und Vignette: Ingrid Schade, Hamburg

Satz: Königsdorfer Verlagsbüro, Frechen
Druck: Ernst Uhl, Radolfzell

817 2635 4453 62